AF219584

Impressum
Verlag: BABADADA GmbH, Nedderfeld 112 , 22529 Hamburg
Geschäftsführer / Verlagsleitung: Harald Hof
Druck: Books on Demand GmbH, In de Tarpen 42, 22848 Norderstedt

Imprint
Publisher: BABADADA GmbH, Nedderfeld 112 , 22529 Hamburg, Germany
Managing Director / Publishing direction: Harald Hof
Print: Books on Demand GmbH, In de Tarpen 42, 22848 Norderstedt

دبستان

baba

سەقف
ba
پارکرن
dadadada
186/2
تەختە
babadada
هەوشا دبستانێ
bababa
مامۆستە
dada
dadadada
نڤیساندن
dadaba
پێنڤیسک
dadaba
ماسە
ba
راستەک
baba
پرتووک
dadaba
خوەندەکار
bababa

چەوال

dadaba

قووتی نڤیستۆک

dada

قەلەمرساس

bababa

نڤیستۆک تووژکر

dadaba

ژێبر

baba

نڤیسکا نیگارێ

ba

2 baba - دبستان

نیگار

....

bababa

فرچەیا رەنگێ

....

ba

قووتی رەنگ

....

dada

مەقەس

....

babadada

لەزاق

....

dadaba

پرتووکا فێربوون

....

dadadada

وەزیفا مالێ

....

babadada

هەژمار

....

bababa

زێدەکرن

....

dadaba

دەرخستن

....

bababa

زێدەکرن

....

badada

هەسباندن

....

dadababa

تیپ

....

babababa

ئالفابە

....

babababa

پەیڤ

....

dada

نڤیسێ

....

babadada

خواندن

....

dadadada

گەچ

....

dada

دەرس

....

babababa

قەیدکرن

....

ba

ئیمتیهان

....

baba

شەهادە

....

babababa

کنجا دبستانێ

....

babadada

پەروەردەهی

....

babababa

زانستنامە

....

dadababa

زانینگە

....

babababa

میکرۆسکووپ

....

dadababa

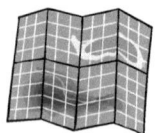

خەریتە

....

bababa

سەبەتا کاخەزێ

....

babadada

baba

مێڤانخانه
babadada
مێڤانخانه
dadaba
ئۆفیسا پەرە ڤەگوهارتنێ
dadadada
جەنتە
dada
ماشین
ado

زمان

dadadada

بەلێ / نا

da / meh

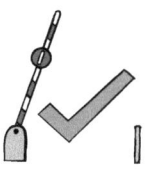

باش

Oh

سلاڤ

ba

وەرگێرا نڤیسکی

dada

سپاس

dada

بهایێ ... چ قاسە؟

bababaaba

ئەز فام ناکم

ah

ئاریشە

dadaba

ئێڤارباش!

ba dada

سپێدێ باش!

babadada

شەڤ باش!

heia!

خاترێ تە

dadaba

ئالی

badada

هوورموور

dada

چەنتە

babababa

چەنتە پشت

babababa

مێڤان

baba

ئۆدە

dadadada

جامە خەو

dadadada

چادر

dada

ناگاگیێن گەرۆکان

dadadada

رەخێ ئاڤێ

badada

کارتێ قەرزێ

babadada

تاشتێ

dadababa

فراڤین

baba

شیڤ

bababa

کارت

dada

ئاسانسۆر

dada

پوول

babadada

تخووب

badada

گومرک

dadaba

بالیۆزخانە

babadada

ڤیزا

dadaba

پاساپۆرت

dada da da da

گوهازتن

dadadada

فرۆکە
baba
گەمی
dada
baba
ئۆتۆبووس
babababa
کامیۆن
bababa
پاپۆڕا ماتۆڕی
dada
دوچەرخە
dadadada
ماشین
ado

پاپۆڕ
....
babadada

پاپۆڕ
....
baba

مۆتۆرسیکلێت
....
bababa

ترمبێلا پۆلیسێ
....
ado

ترمبێلا پێشبازیێ
....
ado

ئەرەبە کرێکرنێ
....
auto

ماشین پەرڤەکرن
....
dada

کامیۆنا کشاندنێ
....
ado

کامیۆنا خوەلی
....
ado

مۆتۆرسیکلێت
....
brumbrum!

مازۆت
....
bababa

ئیستەگەها بەنزینێ
....
dada

تابلۆیا ترافیکێ
....
dadaba

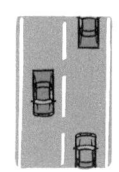

هاتنووچوون
....
badada

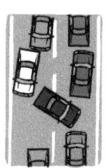

ترافیک
....
ado ado

جهێ پارکێ
....
babadada

راوستەگا ترێنێ
....
babababa

رێچ
....
dada

ترێن
....
dadaba

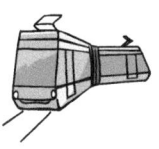

ترێنێ کۆلانێ
....
baba

عەرەبە
....
dadaba

بابرۆک

baba

بالافرگەه

baba

برج

dadaba

مسافر

baba

قووتی

badada

قووتی

dada

گرگرۆک

baba

سەلک

dadadada

رابوون / نیشتن

da / bada

باژار

dadaba

گوند

bababa

ناڤەندا باژاری

dadababa

خانی

dadaba

سینەما
baba

رێكلام
baba

چرای رێی
ba

رێ، كۆلان
dadadada

تاكسی
ato

دكان
nom! nom!

پیا
dadaba

پییاری
babadada

رێیا دەربازبوونێ
dada hoppa

قووتی
bababa

رێیا دەربازبوونێ
bababa

چرایەن ترافیكێ
dadababa

كۆخ
....
babadada

خانی
....
dadadada

راوەستەكا ترێنێ
babababa

تەلارا شارەڤانی
....
dadaba

موزەخانە
bababa

دبستان
baba

زانینگە

babababa

بانک

dadadada

نەخۆشخانە

aua!

مێوانخانە

babadada

دەرمانخانە

aua!

ئۆفیس

baba

کتێبفرۆشی

bababa

دکان

ba

گولفرۆش

dadaba

بازار

dada nom nom

بازار

dadadada

سوپەرمارکەت

dadadada

ماسیفرۆش

nom! nom!

ناوەندا کڕین

baba

بەندەر

ba

پارک

....

dadadada

سەکوو

....

baba

پر

....

babababa

دەرنجە

....

dadadada

ژێر ئەردی

....

bababa

توونەل

....

baba

ئیستگەها ئۆتۆبووس

....

ba

بار

....

babababa

خوارنگەه

....

nom nom!

سندووقا پۆستێ

....

dadaba

نیشاندەرکا رێیێ

....

dada

مەترا پارکینگێ

....

baba

باخچا هەیوانان

....

bababa

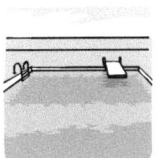

هەوزا مەلەڤانی

....

dada

مزگەفت

....

baba

جۆتگه
....
dadaba

لموتاندنا دەردۆر
....
dadababa

گۆرستان
....
bababa

کەنیسه
....
ba

ئەردی لەیستنێ
....
dadababa

پەرستگەه
....
bababa

تەبیعت

dada

گەلا
baba

نیشاندەرکا ڕێ
baba

ڕێ
dada

مێرگ
bababa

کەڤر
baba

گەرزک
dada

دار
dadababa

چەم
bababa

گیا
dada

کولیلک
mama!

دۆڵ

....

badada

گر

....

bababa

گۆل

....

dadadada

دارستان

....

dadadada

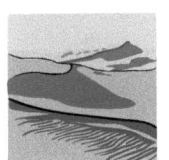

بەیابان

....

dadababa

ڤۆلکان

....

dadaba

کەلەه

....

babababa

کەسکەسۆر

....

dadaba

کڤارک

....

bababa

دارقەسپ

....

dadababa

مخمخک

....

aua!

مێش

....

badada

مێری

....

dadababa

هنگ

....

summ summ

پیرێ

....

dada

کێزک
dadaba

بەق
quak

سمۆر
dadababa

ژیژۆک
dadaba

کەرگوە
baba

پەپووک
gackgack

چقیک
gackgack

قوو
gackgack

بەرازێ کۆڤی
babadada

پەزکۆڤی
dadadada

پەزکۆڤی
dadadada

بەنداڤ
dadadada

توورببینا با
ba

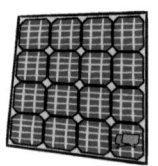

پانەلا خۆرێ
dadadada

ئاڤ و هەوا
bababa

خوارنگەه

nom nom!

بەرکار
dadadada
baba
کورسی
dadaba
شۆربە
nom! nom!
پیزا
nom nom!
سفرە
babababa
چەتەل و چەمچک
ba

خوارنا دەستپێک
....
nom! nom!

خوارنا سەرەکی
....
nom! nom!

شیرانی
....
nom nom!

ڤەخوارنان
....
dadababa

خوارن
....
nom nom!

جام
....
nom nom!

خوارنا لەز

....

nom! nom!

خوارنا رێیێ

....

nom! nom!

چایدانک

....

babababa

قووتی شەکرێ

....

nom! nom!

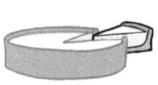

بەش

....

nom nom!

مەکینا چێکرنێ ئەسپرەسسۆ

....

dadaba

کورسیا بلیند

....

bababa

هەساب

....

ba

سێنی

....

bababa

کێر

....

ba

چەتەل

....

babadada

کەڤچی

....

dadaba

کەڤچیا چای

....

bababa

پێشگر

....

dadaba

قەدەه

....

ba

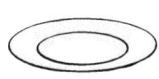

تەیفک

nom nom!

تەیفکا شۆربە

bababa

پیالە

bababa

چێنج

nom! nom!

خوێدانک

dadadada

قووتی بیبار

dadaba

سێک

bähbäh

روون

dadababa

بهارات

dadababa

کەتچاپ

nom! nom!

موستارد

nom! nom!

مایۆنێز

nom nom!

بازار

dada nom nom

پێشکێشێن تایبەت
dadababa
dadaba
dadaba
nom nom!
baba

قەسابی
....
dadaba

دکانا نانپێژ
....
nom! nom!

وەزن کرن
....
bababa

سەوزە
....
bähbäh

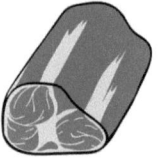

گۆشت
....
nom nom!

خوارنێ جەمەدی
....
nomnom

گۆشتێ سار

....

nom nom!

خوارنا پیلێ

....

nomnom

خوبارێ پاقژکرنێ

....

bababa

شرینی

....

baba

بەرهەمێن ناڤخوەیی

....

dadaba

بەرهەمێن پاقژکرنێ

....

dadababa

فرۆشیار

....

bababa

خەزنۆک

....

bababa

دراڤگر

....

dadaba

لیستا کڕینێ

....

dada

دەمێن ڤەکری

....

dadababa

جزدان

....

baba

کارتێ قەرزێ

....

babadada

چەوال

....

dadababa

چەنتە

....

dadababa

ڤەخوارنان

dadababa

ئاف

....

wasa

شەربەت

....

dadadada

شیر

....

badada

کۆمر

....

ba

شەراب

....

bababa

بیرا

....

dadadada

ئالکۆل

....

dadaba

کاکوۆ

....

bababa

چای

....

dadababa

قەهوە

....

dada

ئەسپرەسسۆ

....

dadaba

کاپۆچینۆ

....

dadababa

خوارن

nom nom!

مۆز

....

nane

سێڤ

....

nom nom!

پرتەقالی

....

bababa

گوندۆر

....

nom nom!

لیمۆن

....

nom nom!

گێزەر

....

bähbäh

سیر

....

bada meh

قامر

....

dadaba

پیڤاز

....

dadaba

قارچک

....

nom nom!

گەویز

....

nom nom!

شهیره

....

nom nom!

سپاگێتی

nom nom!

برنج

nom nom!

سەلەتە

nom nom!

چیپس

nom nom!

پەتەتەیا براشتی

nom nom!

پیزا

nom nom!

هامبورگەر

nom nom!

نانۆک

nom nom!

گۆشتێ ستوویێ بەرخی

nom nom!

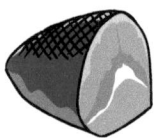

گۆشتێ هشککری

nom nom!

سالامێ

nom nom!

سۆسیس

nom nom!

مریشک

gack gack

بژارتن

nom nom!

ماسی

nom nom!

شۆربە بلوول

....

nom nom!

مووسلی

....

bähbäh

کەرتێن گلگلان

....

nom nom!

ئارد

....

nom nom!

جرۆسسانت

....

nom nom!

سەموون

....

babadada

نان

....

nom! nom!

تۆست

....

nom nom!

نانک

....

nom nom!

نڤیشک

....

nom nom!

ماست

....

nom nom!

کولیچە

....

nom nom

هێک

....

dadaba

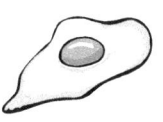

هێکا قەلاندی

....

nom nom!

پەنیر

....

bada muh

دۆندرمە

....

nom nom!

شەکر

....

nom nom!

هنگڤ

....

baba summ

مرەبا

....

nom nom!

خامەیا نۆوگات

....

nom nom!

کوڕی

....

babadada

جۆتگەه

dadaba

خانیا چەولگا
ba
تەپکا پووشێ
dada
کادین
dadaba
زەڤی
bababa
هەسپ
hoppa
کاروان
dada
جانی
dadaba
تراکتور
bababa
کەر
iaa
بەران
mää
بەرخ
bebi mää

بزن

baba

چێلەک

muh

گۆلک

mimuh

بەراز

mama oink

خنزیرک

oink

بۆخە

dadadada

قاز
....
gackgack

مراڤی
....
gackquack

جووچک
....
gacki

مریشک
....
gackgack

کەلەشێر
....
gacko

جرج
....
dada

کتک
....
mau

مشک
....
bababa

گا
....
muh

کووچک
....
wauwau

خانیا کووچکێ
....
wauwau

خانی باخێ
....
baba

قووتیکا ئاڤدانێ
....
dadababa

شالووک
....
baba

گاسن
....
dadababa

داس

....

baba

مەربێڕ

....

dadadada

دارساپک

....

dada

بڤر

....

bababa

دەستگەرە

....

babababa

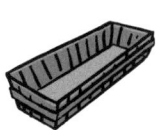

قووتی خوارنا جانداران

....

baba

قووتی شیر

....

dada muh

توور

....

dadababa

چەپەر

....

badada

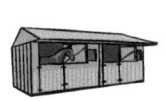

ئاخور

....

dadadada

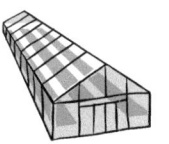

خانا کولیلکان

....

ba

ئاخ

....

babadada

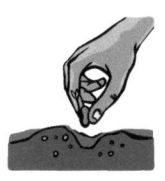

دەندک

....

baba

پەین

....

baba

کۆمباین

....

dadababa

زاد

....

bababa

زاد

....

dadadada

پەتەتە

....

dadaba

گەنم

....

dadababa

فاسۆلی

....

dadababa

پەتەتە

....

bababa

دەخل

....

badada

دندک

....

bababa

دارێ فێکی

....

bababa

سێڤێ بن ئەردێ

....

dadadada

زاد

....

dadababa

dadaba

ba
بانی
babadada
بۆریا ناڤێ
dadaba
پاجە
baba
گاراژ
dada
زەنگلێ دەری
dingdong
دەری
bababa
babadada
قوتییا پۆستێ
ba
باخچە
badada

ئۆدا رووناشتنێ
dadadada

هەمام
bababa

مەتبەخ
bababa

ئۆدا خەوێ
dadababa

ئۆدەیا زارۆک
meina

ئۆدا شیڤێ
dadaba

خانی - dadaba 31

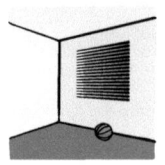

بنی

badada

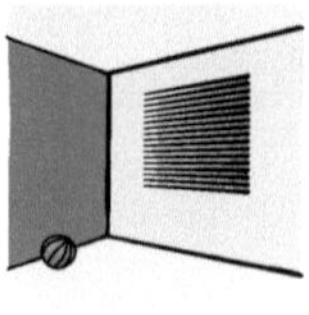

دیوار

dadababa

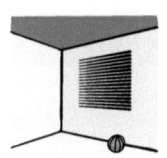

بەربان

bababa

خەنزک

dada

ساونا

dadababa

بالکۆن

babababa

بەردانک

dadadada

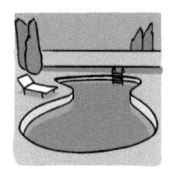

هەوزا مەلەڤانی

bababa

چیمەن بڕ

baba

مەلهەفە

dadaba

بەتانی

babadada

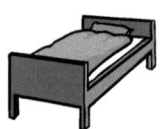

نڤین

heia!

گەزک

dada

ساتل

dadaba

کلیل

dadababa

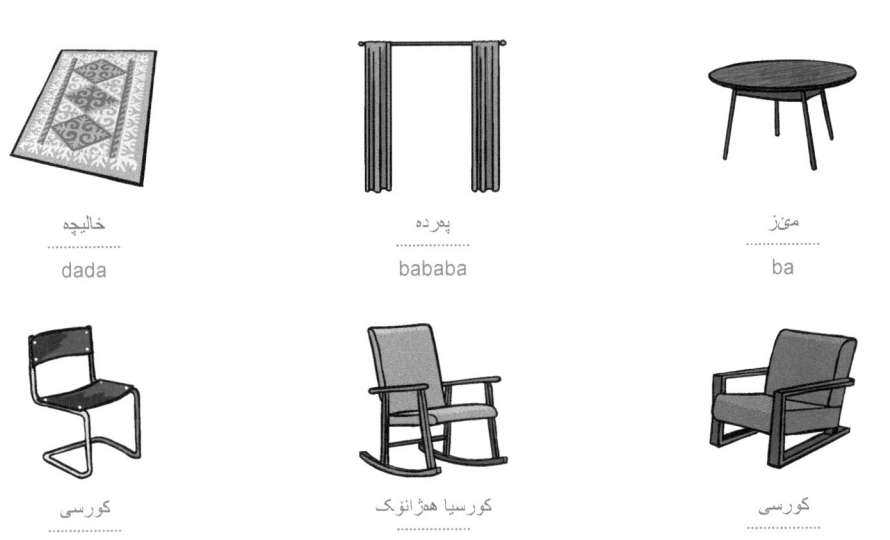

dadadada

dadadada
badada
لامپا
badada
ba
رەف
dadadada
تەلەفيسيۆن
dada gucki
ناگردان
dadababa
mama!
سەرين
baba
قەنەپە
dada
گولدانک
dadaba
كۆنترۆلا دوور
baba

خاليچە

dada

پەردە

bababa

مێز

ba

كورسى

dadaba

كورسيا هەژانۆک

dadadada

كورسى

bababa

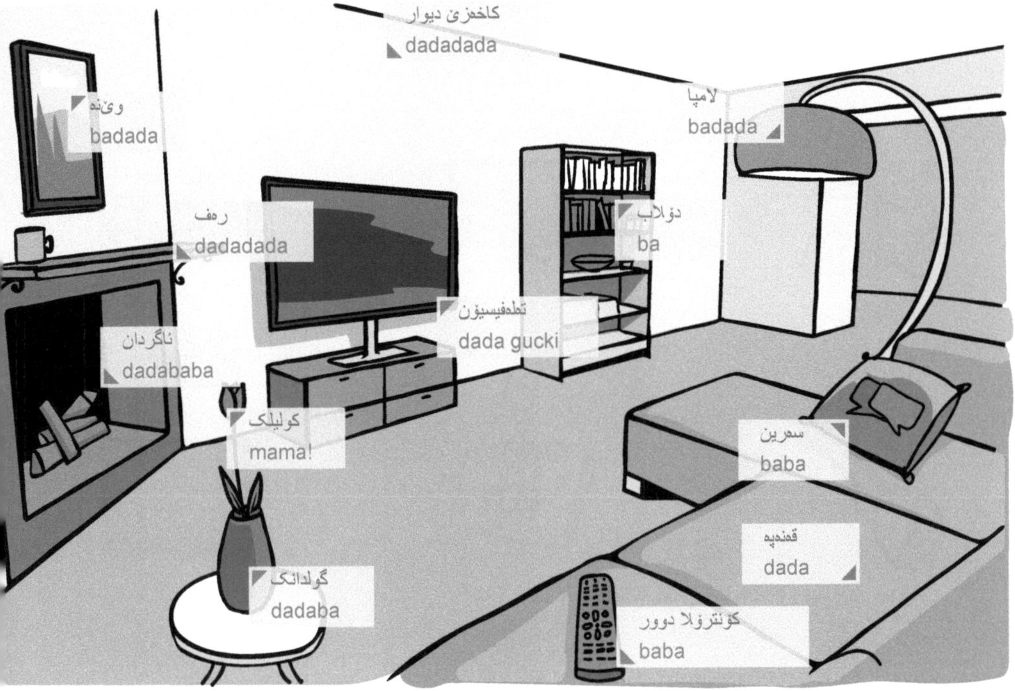

پرتووک

dadaba

بەتانی

dadadada

خەملاندن

dadaba

ئێزنگ

ba

فیلم

dadadada

هـ-ف

lala

کلیل

babadada

ڕۆژنامە

dadadada

نیگار

dadadada

پۆستەر

bababa

ڕادیۆ

lala

دەفتەر

dadababa

سڤنکا ئەلەکتریکی

babadada

کاکتووس

aua!

مۆم

babadada

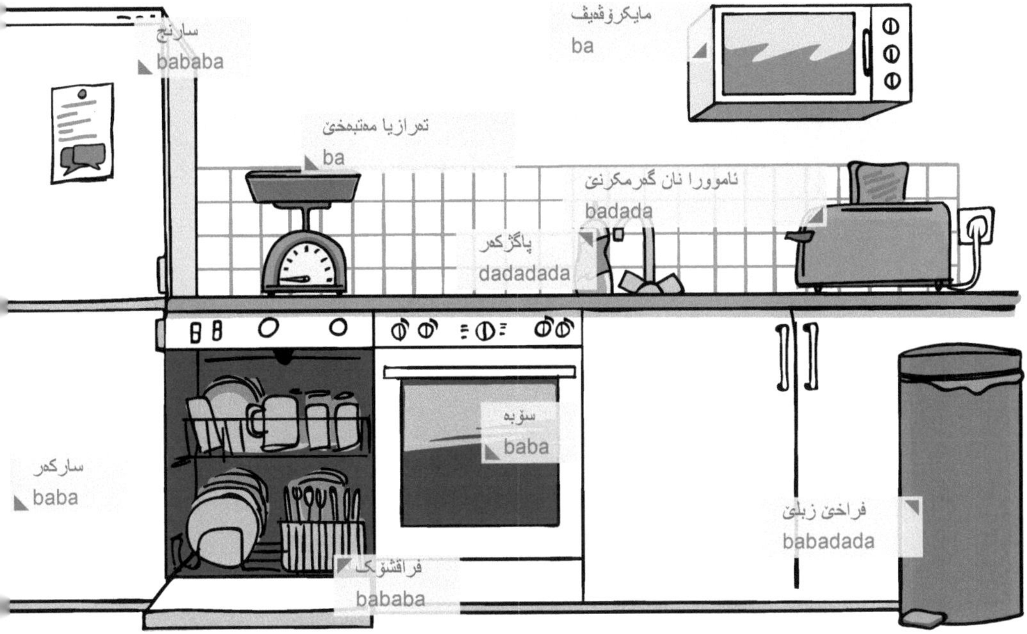

مەتبەخ
bababa

bababa
مایکرۆڤەیف
ba
تەرازیا مەتبخێ
ba
ئامووڕا نان گەرمکرنێ
badada
پاگژکەر
dadadada
سۆبە
baba
سارکەر
baba
فراخێ زبلێ
babadada
فراقشۆک
bababa

سۆبە

dada

ئامان

dada

ئامانێ ئووتوو

dada

فراقێ مەزن

baba / dada

دیزک

badada

کەلینک

ba

مەتبەخ - bababa

فراقێ هلمێ

dadababa

سێنی نانێ

bababa

فراق

dadaba

پیاله

dadadada

کاسک

dadaba

دارێ نانخوارن

baba

هەسک

dadaba

کەڤچیا مەزن

dadadada

رینەک

badada

کەفگیر

dada

بێژنگ

bababa

رێشکەر

baba

دەستار

dadababa

براشتن

dada

ئاگرێ ڤالا

aua!

تەختەیا بڕینێ

....

dadababa

دارکێ تیرێ

....

bababababa

دەڤک بادەک

....

dadababa

قووتی

....

dadadada

قووتیڤەکر

....

bababa

جاوێ ئامانان

....

dadababa

دەستشۆ

....

dadadada

فرچە

....

dadababa

پارازۆا

....

ba

تەڤدێر

....

aua!

سارکەرێ جەمەدی

....

babadada

شووشە بەبکان

....

bababa

هەنەفی

....

dadadada

هەمام

bababa

گەرمژانک
babadada
دووش
bababa
خاولی
ba
پەردەیا هەمامێ
babababa
wasa
هەوزا هەمام
baba
ba
جلشۆک
baba
هەنەفی
dadadada
ئاجوور
badada
توالەتا زارۆکان
kaka
دەستشۆ
dadadada

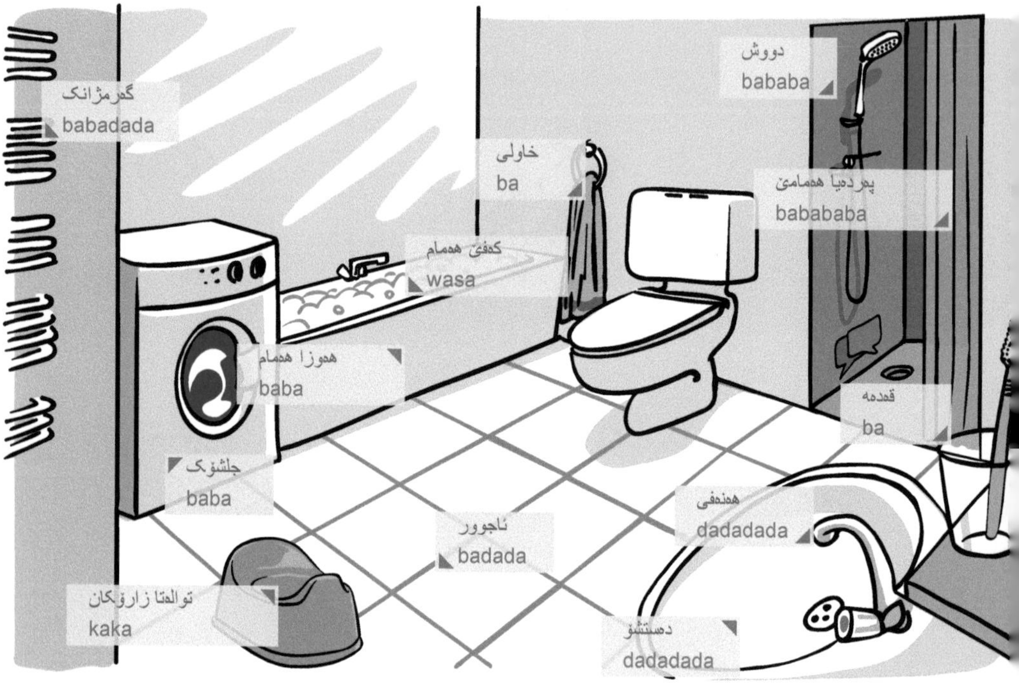

توالەت
....
kaka

توالەتا ئەردی
....
ba

توالەت
....
dadababa

ئاڤدەستخانا مێران
....
dadababa

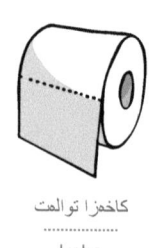

کاخەزا توالەت
....
kaka

فرشەیا توالەت
....
bababa

38 هەمام - bababa

فرچەیا دران

....

bababa

مەجوونا دران

....

nom! nom!

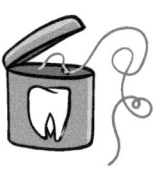

نەخا ددان

....

dadadada

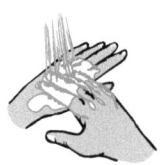

شووشتن

....

bababa

دووشێ دەستێ

....

bababaaba

دووش

....

dadadada

دەستشۆ

....

badada

فرچا پشت

....

dadadada

سابوون

....

nom! nom!

جێلێ هەمام

....

nom! nom!

شامپۆ

....

nom! nom!

فانیلە

....

babadada

زێراب

....

dadaba

کرێم

....

nom! nom!

بێهن خوشکر

....

babababa

مرێک

dadadada

مرێکا دەستێ

dadadada

گووزان

ba

کەفێ تەراشینێ

nom! nom!

مەجوونا پشتی تەراشینێ

nam! nam!

شەه

dadababa

فرچە

baba

پۆر هیشککر

dadadada

سپرایا پۆرێ

badada

کۆزمەتیک

dadaba

سۆراڤک

mama!

رەنگێ نینۆک

ba

پەمبوو

bababa

مەقەستا نینۆک

dadadada

پارفووم

bababa

چەوالێ هەمامێ

....

dadadada

کورسیا بێپشت

....

bababa

تەرازی

....

dadadada

کنجا هەمامێ

....

ba

لەپکا لاستیکێ

....

babababa

تامپۆن

....

ba

خاولیا پاقژکرنێ

....

bababa

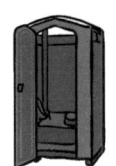

توالەتا کیمییەوی

....

baba

ئۆدەیا زارۆک

meina

دەمژمێرک
bababa
لیستۆک
bababa
ماشینا لیستۆک
auto
خشخشۆک
dadadada
مالا لیستۆک
bababa
خەلات
babababa

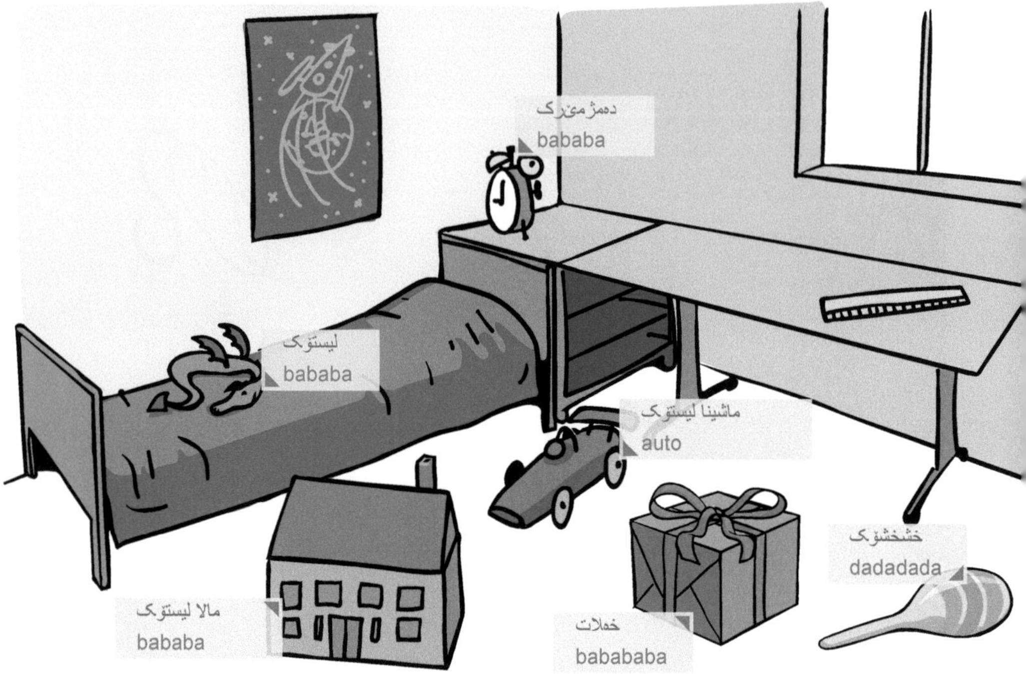

پفدانک

....

dadadada

نڤین

....

heia!

کۆچک

....

dadaba

لیستکا کارتێ

....

dadababa

فریزبی

....

bababa

کۆمیک

....

dadababa

ئاجوورا لێگۆ

badada

ئاجوورا لیستۆک

badada

بووکە شووشە

dada

کنجا بەبکان

dadadada

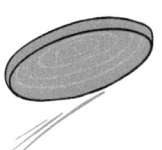

فرزبێ

dadaba

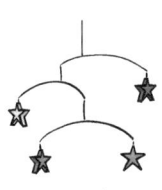

ڤەگوهەستن

dadaba

لیستکێن تەختە

ba

مۆر

baba

مۆدێلا ترێنێ

dadababa

مەمک

lula

جەژن

baba

کتێبا وێنە

dadaba

تۆپ

dada

بووکە شووشە

dada

لەییستن

badada

کونا خیزێ

dadaba

جۆلانە

babababa

لیستۆکان

dadababa

لیستکا ڤیدەۆیی

dadaba

سێچەرخە

babadada

هرچا لیستوک

dadababa

جلدانک

dadaba

کنج

baba

گۆرە

dadadada

گۆرە

ba

دەرپێگۆرێ

dada

شال
bababa

قايىش
dadababa

چەتر
bababa

كراس
badada

شمكال
baba

سۆلكئ ناف مالئ
baba

سۆلك
ba

سۆلك
....
bababa

سۆل
....
badada

پۆتىنا چەرمئ
....
dada

پانتۆلئ ژئر
....
ba

پئسىربەند
....
baba

چەكبەند
....
dadadada

جەندەک

badada

پانتۆل

ba

ژەانس

bababa

دامان

dada

کراس

bababa

کراس

dadadada

فانێله

baba

فانێله

baba

جاکێت

babadada

ساکۆ

baba

چاکەت

bababa

بارانی

dadababa

لەباس

bababa

فیستان

ba

جلێ داوەتێ

dadaba

چاکیت

dadadada

پێجامە

babababa

پێجامە

heia

سارێ

baba

لەچک

dadadada

مێزەر

dada

هێرام

dada

کافتان

baba

ئەبا

dadadada

کنجا ئاژنێکرن

wasa

جلکا مەلەڤانی

bababa

شۆرت

dadababa

جلا هێڤۆژکاری

babababa

پێشمال

baba

لەپک

babababa

دووگمە

dadaba

بەرچاڤک

babadada

بازن

dada

گەردەنی

dadababa

گوستیل

bababa

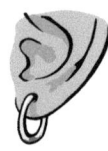

گوهارک

dadababa

دەڤک

dada

هلاڤستەک

babadada

کووم

dadababa

کراوات

bababa

زیپ

badada

سەرپارێز

dadaba

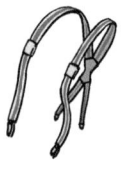

دەرزی

dada

کنجا دبستانێ

babadada

یوونیفورم

babababa

بەردلک

namnam

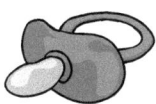

مەمک

lula

پوندانخ

kaka!

ئۆفیس

baba

پێشکەشکەر
dadaba
دۆلابێ بەلگە
dadababa
کاخەز
dadadada
چاپەر
badada
نیشاندەر
dadadada
ba
مشک
baba
دەفتەر
dadaba
کلاڤیە
dada
سەبەتا کاخەزێ
babadada
کومپیوتەر
dada
کورسی
bababa

کاسکا قەهوە

dada

هەسابکەر

bababa

ئینتەرنەت

da da

کۆمپیوتەرا لاپتۆپ

papa!

نامە

dadababa

پەیام

ba

تەلەفۆنا مۆبیل

fon

تۆر

bababa

مەکینا فۆتۆکۆپی

ba

سۆفتوارە

bababa

تەلەفۆن

dada bing

سۆجکەتا فیشەک

aua!

مەکینا فاخێ

bababa

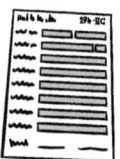

فۆرم

dadaba

بەلگە

bababa

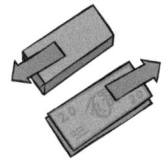

ئابۆری

badada

کرین

....

baba

پەرە دان

....

dadadada

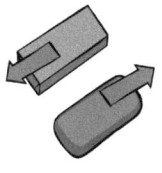

بازرگانی

....

dadaba

پەرە

....

badada

دۆلار

....

babadada

یۆرۆ

....

dadaba

یەنێ ژاپۆنێ

....

bababa

رۆبلێ رووسی

....

ba

فرانکێ سویسێ

....

dada

یوانێ چینێ

....

dada

رووپێ هندی

....

ba

ممکینا ژخوەبەرا دراڤ

....

ba

ئۆفیسا پەرە ڤەگوهارتنێ

....

dadadada

زێڕ

....

dadadada

زیڤ

....

baba

نەفت

....

dadadada

وزە

....

ba

بها

....

dadadada

پەیمان

....

baba

تاخ

....

bababa

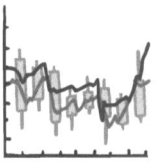

سەهام

....

dadadada

کارکرن

....

dadaba

کارکەر

....

dadadada

کاردا

....

dadababa

فابریکا

....

dadaba

دکان

....

ba

ba

پۆلیس
baba
ئاگرکوژ
dada
babababa
بژیشک
aua!
فرۆکەڤان
bababa

باخچەڤان

bababa

نەجار

bababa

دروونڤان

baba

هاکم

bababa

شیمیازان

dadaba

شانۆگەر

dadababa

شوفێرێ باسێ

....

ba

شوفێرەکی تاکسیێ

....

auto mann

ماسیڤان

....

bababa

پاگژکەر

....

dadadada

چێکرێ بانی

....

dadadada

بەرکار

....

dadadada

نێچرڤان

....

badada

رەنگرێس

....

dadadada

نانپێژ

....

dadababa

کارەباڤان

....

papa!

ئاڤاکەر

....

babababa

ئەندەزیار

....

bababa

قەساب

....

dadababa

لوولەکار

....

dadadada

پۆستەڤان

....

bababa

ئەسکەر

dadadada

میمار

ba

دراڤگر

dadaba

فرۆتکارا چیچەکان

bababa

پۆرچێکەر

babadada

ئاژۆڤان

bababa

مەکانیک

dadaba

کەشتیڤان

dada

پزیشکا ددانان

badada

زانستیار

ba

رووهان

bababa

ئیمام

dadaba

کەشە

dada

کەشیش

dadadada

ئامووران
dada

baba
baba
جەربادەر
babababa
dadababa
دارا چرا
dadaba

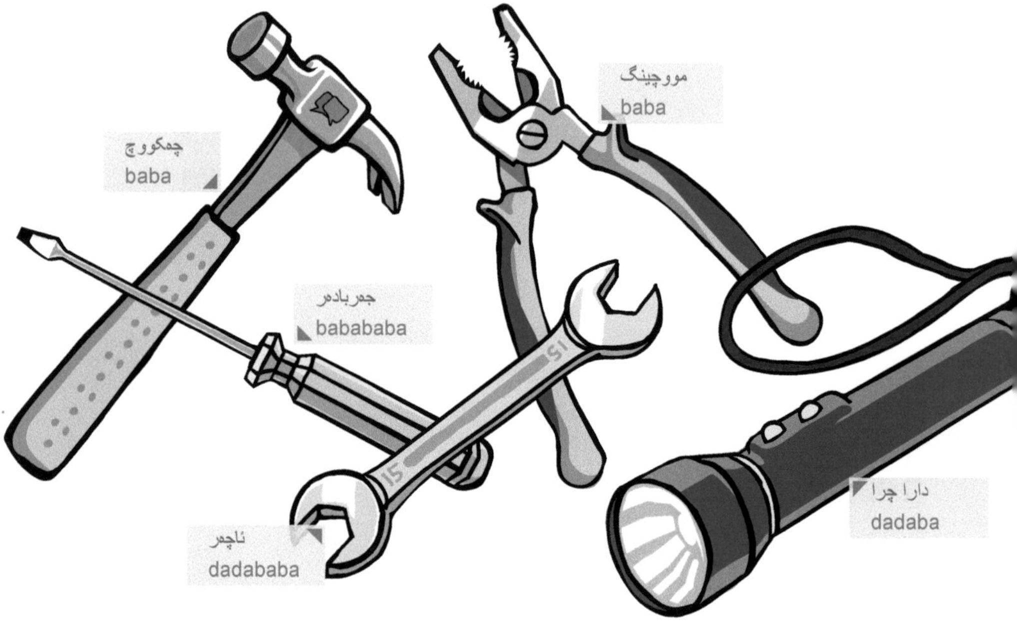

شۆفەل
dadaba

قووتیا ئامووران
baba

پەیژە
babababa

مشار
dadaba

میخ
babadada

قولکرن
dada

چێکرن

dadababa

مەربێر

dada

نالەت!

aua!

بێل

dada

قووتیا رەنگێ

dadaba

جەڕ

babababa

ئاموورێن مووزیکێ

bababa

بلیندگۆ
boom boom
کۆمێ دەهۆل
bungas
گیتار
ba
جۆرەیا گیتار
dadababa
زرنا
bombede

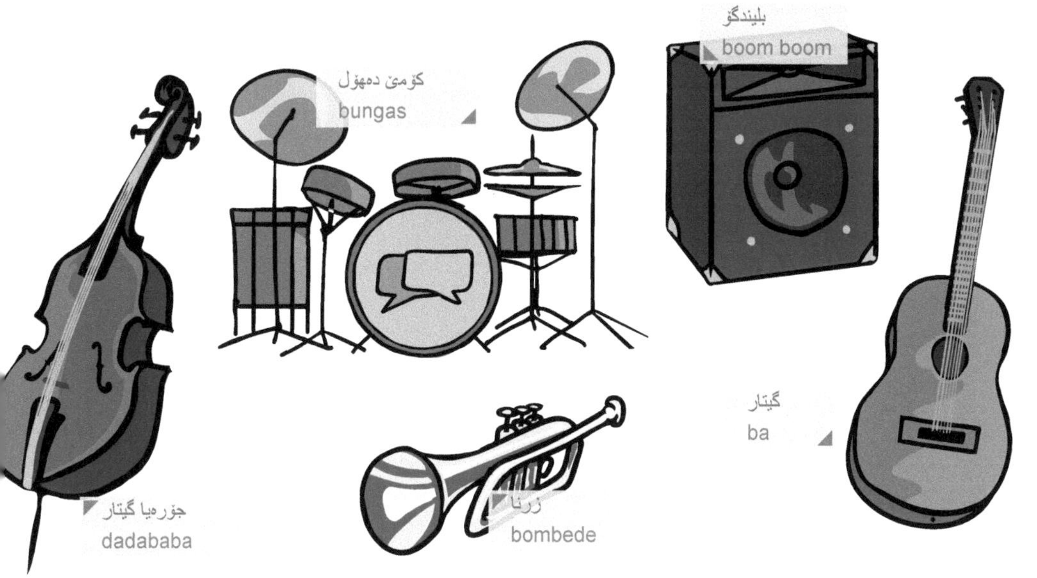

پیانۆ

....

bingbing

ڤیۆلین

....

bababa

باس

....

ba

دەهۆل

....

badada

داهۆل

....

bunga bunga

کەیبۆارد

....

badada

ساکسۆفۆن

....

dadababa

بلوور

....

dadababa

میکرۆفۆن

....

dadadada

bababa

baba
پلنگ
dada mau
قەفەس
bababa
کەرێ چیا
dadababa
خوارنا هەیوان
babadada
پاندا
dada

هەیوان

dadadada

فیل

bababa

کانگاروو

dadaba

کەرکەدەن

babadada

گۆریل

dada

هرچ

babababa

باخچا هەیوانان - bababa 59

هێشتر

....

dadaba

هێشتر مە

....

gackgack

شێر

....

babadada

مەیموون

....

dadaba

فلامینگۆ

....

gackgack

پاپاخان

....

bababa

هرچا جەمسەری

....

bababa

پەنگوین

....

dada

سەماسی

....

bababa

تاوووس

....

dadaba

مار

....

badada

تمساھ

....

babababa

پارێزەرا باخچا ئاژالان

....

dadadada

سەیا دەریا

....

dada

پلنگ

....

bababa

هەسپ
....
ei!

پلنگ
....
dadadada

هەسپێ رووبار
....
dada

جانهێشتر
....
babababa

هەلۆ
....
bababa

بەرازێ کۆڤی
....
babadada

ماسی
....
nom nom!

کووسی
....
dadadada

والراس
....
anje

رۆڤی
....
dadadada

خەزال
....
bababa

وەرزش

ba

فووتبۆلێ ئامەریکا
dadababa
بسکلێتان
dadaba
تەنیس
bum bum
باسکێتبۆل
ball
ئاڤژەنیکرن
badada
بۆخنگ
aua!
هۆکەیا سەر جەمەدێ
baba

فووتبۆل
....
dadadada

بادمنتۆن
....
badada

یێ ئاتلەتیزمێ
....
dadababa

هەندبۆل
....
ball

بەفراژۆتن
....
dadadada

پۆلۆ
....
baba

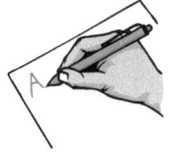

نڤیساندن

dadaba

نیگار کێشان

dada

نیشان دان

dadababa

پالدان

dada

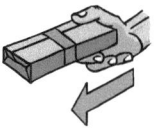

دایین

badada

راکرن

dadaba

هەبین

dadaba

کرن

dadadada

بوون

babadada

سەکنین

dadadada

بازدان

baba

کشاندن

dadababa

ئاڤێتن

dadadada

کەتن

dadaba

دەرەو کرن

badada

سەکنین

dadaba

گوهێزتن

bababa

روونشتن

ba

جل بەرکرن

dadababa

رازان

heia!

رابوون

bababa

مێزە کرن

....

babababa

گرین

....

baaaaaa

جەلتە

....

dadadada

شە کرن

....

bababa

پەیڤین

....

bababa

فامکرن

....

baba

پرسکرن

....

badada

بهیستن

....

dadababa

ڤەخوارن

....

bababa

خوارن

....

nomnom!

کۆم کرن

....

badada

هەزکرن

....

ba

خوارن چێکرن

....

badada

ئاژۆتن

....

dadababa

فڕین

....

dadadada

کەشتیڤانی
....
dadababa

هەسباندن
....
dadababa

خواندن
....
dadadada

هینبوون
....
dadababa

کارکرن
....
dadaba

زەوجین
....
baba

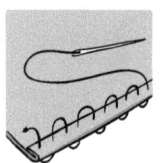

درووتن
....
dada

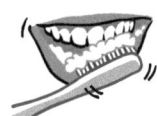

ددان شووتن
....
aua!

کوشتن
....
aua!

دووخان
....
dadababa

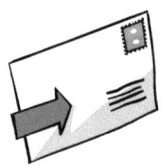

شاندن
....
babababa

مالبات

dadababa

مێڤان
....
baba

مەت
....
ba

ئاپ/خال
....
bababa

برا
....
nein!

خوشل
....
nein!

dadababa

ئەنی
bababa
dada
روو
dada
dadababa
dada
دەست
baba
سینگ
da
پیل
bababa
مل
bababa
لنگ
dadaba

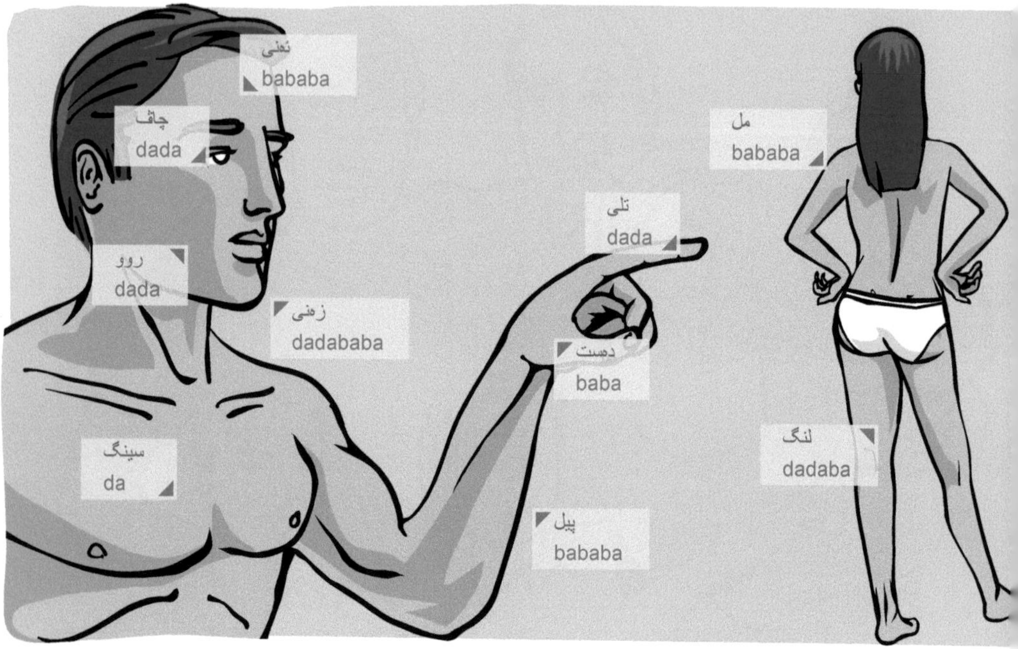

بەبەک

bebi

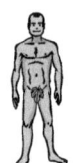

مێر

papa!

ژن

mama

کەچ

baba

کۆر

babadada

سەر

bababa

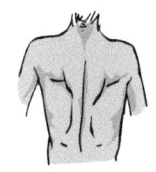

پشت

baba

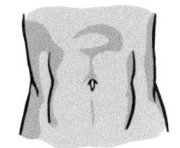

زک

dadababa

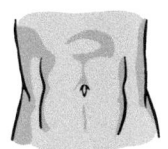

ناڤک

dada

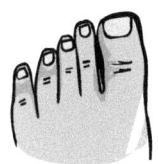

تلیبا پێ

dadababa

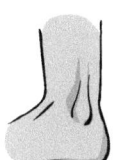

پانی

ba

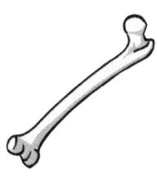

هەستی

badada

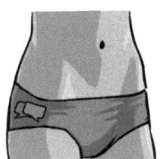

کوولیمەک

bababa

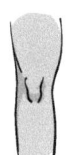

ژوونی

dada

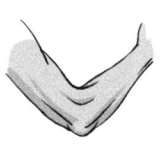

ئەنیشک

dadadada

دفن

bababa

قوون

popo

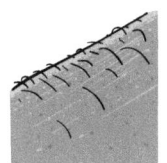

چەرم

dadaba

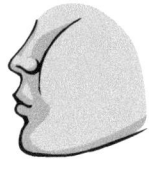

روو

badada

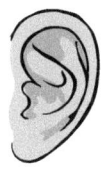

گووه

dada

لێڤ

babababa

دەڤ

dadababa

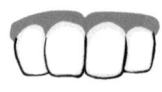

دران

dadadada

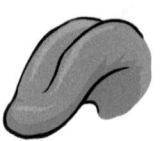

زمان

baba

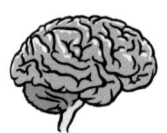

مێژی

dadadada

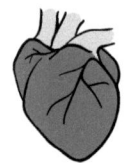

دل

baba

ماسوول

dada

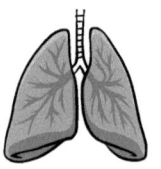

جیگەرا سپی

dada

جەگەر

dada

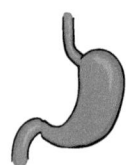

مادە

dadababa

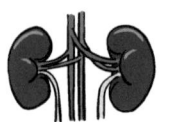

گوورچکان

dadaba

جۆتبوون

babadada

کۆندۆم

dada

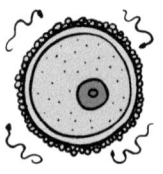

هێک

badada

تۆڤ

dadababa

دووجانی

dadababa

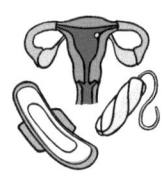

ئاده
....
ba

قووز
....
mumu

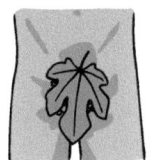

کیر
....
pipi

بروو
....
dada

پۆر
....
dadababa

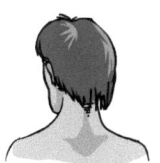

هووستوو
....
bababa

aua!

نهخوهشخانه
aua!

ئهرمبا نهخوهشان
ba

ئهرمبۆکا کوولمکان
aua!

شکمسته
aua!

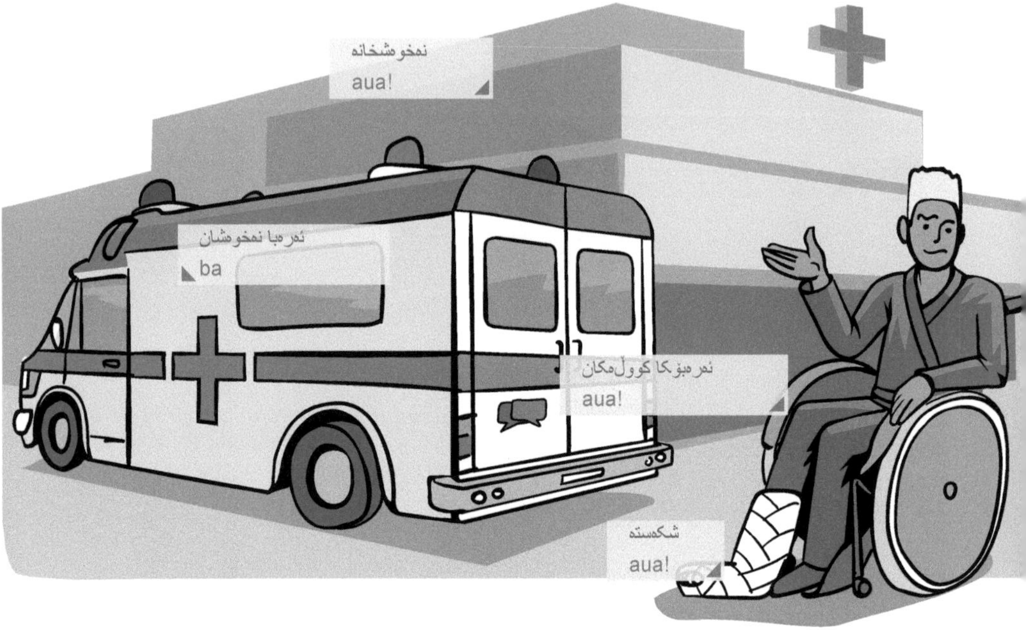

بژیشک

aua!

ئۆدا لهزگینێ

aua!

نهخوهشیار

aua!

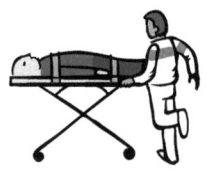

ناجیلیبت

aua!

بێهای

aua!

ئێش

dadababa

برین

....

aua!

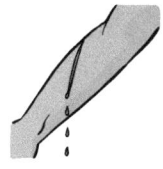

خوینپژان

....

dadadada

هێرشا دلی

....

aua!

جەلتە

....

aua!

ئالەرژی

....

dadababa

کوخک

....

aua!

تا

....

aua!

زکام

....

aua!

ناڤچووین

....

aua!

سەرێش

....

aua!

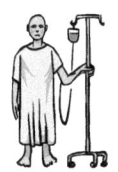

قانسێر

....

aua!

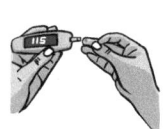

نەخوەشیا شەکرێ

....

aua!

ئەمەلیکار

....

aua!

سکالپێل

....

aua!

ئەمەلی

....

aua!

جت

....

aua!

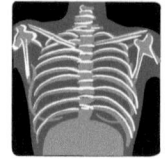

سوورەتێ رۆنتگێن

....

aua!

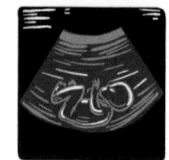

ئوولتراساوند

....

aua!

ماسکێ روویێ

....

aua!

نەخوەشی

....

aua!

ئۆدا سەکنینێ

....

aua!

گۆچان

....

aua!

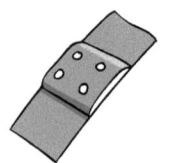

شێل

....

aua!

پاچێ برینپێچانێ

....

dadababa

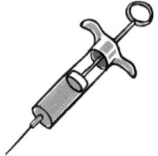

دەرزی

....

aua!

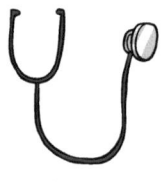

بیستۆکا پزیشکی

....

aua!

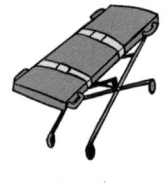

داربەست

....

aua!

تێهنپیڤا کلینیکێ

....

aua!

زایین

....

aua! bebi!

قەلەو

....

aua!

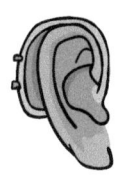

ئالیکاریا بهیستنێ

aua!

باکتەریکوژ

aua!

کۆتیبوون

aua!

ڤیرووس

aua!

هڤ / ئادس

aua!

دەرمان

aua!

کوتان

aua!

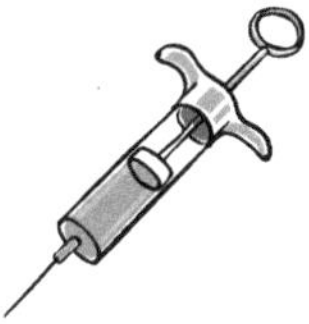

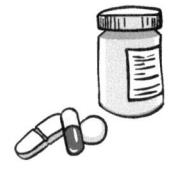

هەبان

aua!

هەب

dadaba

لەزگین

aua!

دیمەندەری پەستێ خوین

aua!

نەخوەش / ساخ

da / ba

ئاجیلییەت

aua!

هەوار!

aua!

ئالارم

aua!

ئێریش

aua!

ئێریشکرن

aua!

تالووک

aua!

دەرکەتنا ئاجل

dadadada

ئاگر!

dadaba

ئاگر ڤەمراندنێ

dadaba

قەزا

aua! aua!

ئالەتێن ئالیکاریا یەکەم

aua!

سۆس

baba

پۆلیس

dadadada

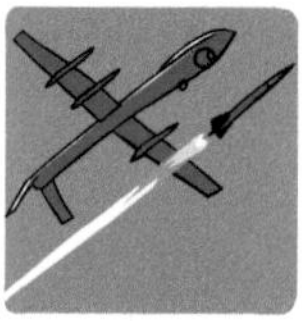

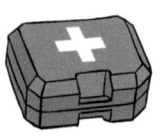

ئەرد

dada

ئەورۆپا

....

badada

ئامەریکایا باکوور

....

dadaba

ئامەریکایا باشوور

....

dadababa

ئافریکا

....

dadaba

ئاسیا

....

dadaba

ئاووسترالیا

....

babababa

ئاتلانتیک

....

badada

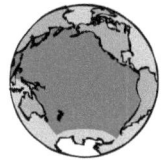

ئۆکیانووسا مەزن

....

dadaba

ئۆکیانووسا هندی

....

baba

ئۆکیانووسا ئانتارکتیکا

....

bababa

ئۆکیانووسا ئارکتیک

....

dadababa

جەمسەرا باکوور

....

bababa

جەمسەرا باشوور

....

dadababa

ئانتارکتیکا

....

dadaba

ئەرد

....

dada

ئاخ

....

dadaba

بەهر

....

badada

دوورگە

....

dadadada

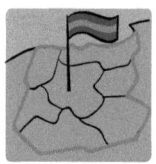

مڵلەت

....

dadadada

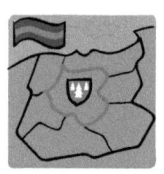

وەلات

....

dadababa

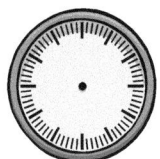

ساعەت

dada

روویێ ساعەت

....

baba

نشاندەرکا دەمژمێر

....

babadada

نشاندەرکا دەقە

....

baba

نشاندەرکا سانیە

....

bababa

سێت چەندە؟

....

dadababa

رۆژ

....

babadada

دەم

....

dada

نها

....

baba

ساعەتێ دجیتال

....

dadababa

دەقە

....

dadababa

سێت

....

bababa

هەفتە

babadada

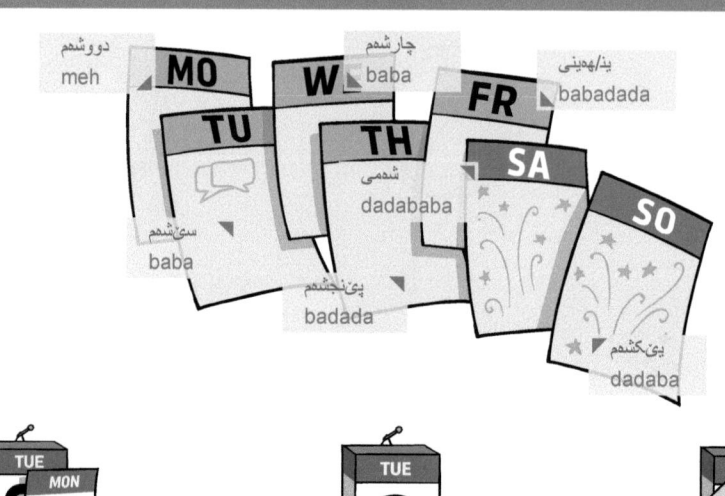

دوه
....
dadadada

ئیرۆ
....
dadababa

سبەی
....
dadaba

سبە
....
baba

نیڤرۆ
....
baba

ئێڤار
....
dadadada

رۆژێن کاری
....
dada

داویا هەفتە
....
baba

سال

dadaba

dadababa
کەسکەسۆر
dadaba
با
dadadada
بەفر
kalt
dadadada
هاڤین
badada
پاییز
bababa
زڤستان
kalt

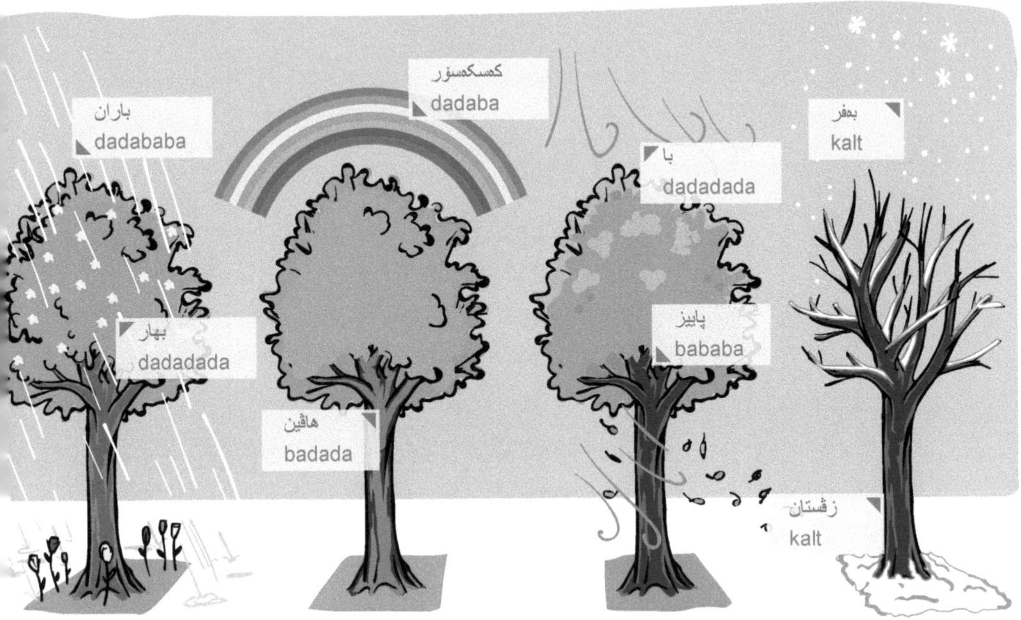

4.APRIL 11°
5.APRIL 4°
6.APRIL 13°
7.APRIL 8°
8.APRIL 10°

پێشبینیا هەوا

....

dadababa

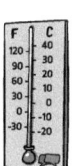

تەهنپیڤ

....

bababa

تاڤ

....

ba

هەور

....

baba

مژ

....

dadadada

هێمی

....

dada

برق
....
dadababa

برووسک
....
dada

تۆفان
....
badada

تەرگ
....
dadababa

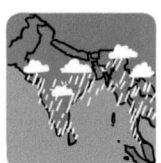

مانسوون
....
bababa

لمهی
....
dadaba

جەمەد
....
dadadada

ڕێبەندان
....
dadaba

ڕەشەمە
....
dadaba

نەورۆز
....
bababa

گولان
....
dadadada

جۆزەردان
....
dadadada

پووشپەر
....
babababa

گەلاوێژ
....
baba

خەرمانان
....
bababa

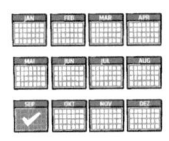

رەزبەر

dadadada

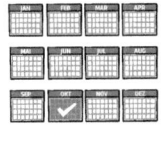

کەوچێر

badada

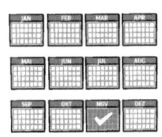

سەرماوەز

dadababa

بەفرانبار

baba

شێوە

dadababa

چەمبەر

baba

چارچک

badada

چارقۆزی

dadababa

سێقۆزی

babababa

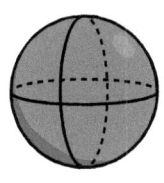

قادا

dadadada

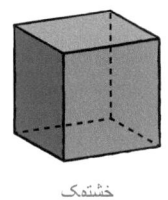

خشتەک

babababa

رەنگان

dadababa

سپی

dadababa

زەر

babababa

پرتەقالی

baba

پەمبە

dadadada

سۆر

babadada

مۆر

dadababa

شین

dadadada

کەسک

ba

قەهوەیی

baba

گەور

bababa

رەش

badada

بەدەو / نەرند

....

da / ba

ب هێزرس / بێدەنگ

....

da / ba

زۆر / کێم

....

da / ba

رۆنی / تاری

....

da / ba

مەزن / بچووک

....

da / ba

دەستپێک / داوی

....

da / ba

تەڤی / نەتەمام

....

da / bada

پاگژ / گرێژ

....

da / ba

براک / خوشک

....

da / ba

فره / تەنگ

....

da / ba

مری / زندی

....

da / ba

رۆژ / شەڤ

....

da / ba

خوەش / نەخوەش

....

da / ba

نەباش / باش

....

da / ba

ب هەیمجان / ناجز

....

ba / ba

قەلەو / زراڤ

....

da / ba

یەکەمین / داوین

....

ba / ba

هەڤال / دژمن

....

da / bada

تژی / ڤالا

....

da / ba

رەق / نەرم

....

da / ba

گران / سڤک

....

da / ba

برچی / تینی

....

da / bada

نەخوەش / ساخ

....

da / ba

نەقانوونی / قانوونی

....

da / ba

رەوشەنبیر / بالوولە

....

da / ba

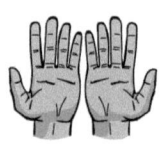

چەپ / راست

....

ba / ba

نێزی / دوور

....

da / ba

نوو / بکارهاتی
....
da / bada

هیچ / تشتەک
....
da / ba

کال / جوان
....
ba / ba

ل / ژ
....
da / ba

ڤەکری / گرتی
....
da / ba

ئارام / دەنگبلند
....
da / ba

دەولەمەند / رەبەن
....
ba / ba

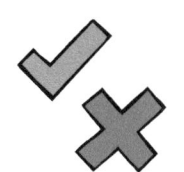

راست / شاش
....
da / ba

دڕ / هلوو
....
da / ba

خەمگین / شا
....
ba / ba

کورت / درێژ
....
da / ba

هێدی / زوو
....
da / ba

شل / زوا
....
da / bada

گەرم / هێنک
....
da / bada

شەڕ / ئاشتی
....
da / ba

هەژماران

dadaba

0	1	2
سفر	یەک	دوو
dada	a	ba
3	4	5
سێ	چار	پێنج
da ba da	badabada	dadababa
6	7	8
شەش	هەفت	هەشت
dadaba	badada	dadababa
9	10	11
نەه	دەه	یازدە
dadaba	dadadada	badada

12

دازده

baba

13

سێزده

bababa

14

چارده

baba

15

پازده

babadada

16

شازده

dadababa

17

هەفده

babababa

18

هەژده

dadababa

19

نۆزدەه

bababa

20

بیست

dadababa

100

سەد

baba

1.000

هەزار

baba

1.000.000

ملیۆن

dadababa

dadadada

ئینگلیزی

baba

ئنگلیزیا ئامەریکی

babadada

چینی ماندارین

dadababa

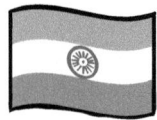

هێندی

ba

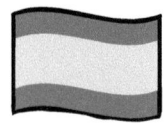

ئیسپانیۆلی

badada

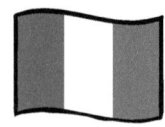

فرەنسی

ohlala

ئەرەبی

babadada

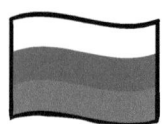

رووسی

dadaba

پۆرتوگالی

dada

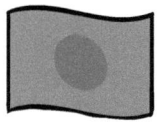

بەنگالی

dadadada

ئەلمانی

badada

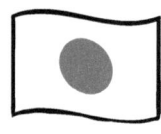

ژاپۆنی

dadadada

کی / چ / چاوا
da / da / da

من

a

تو

dadadada

ئەو / ئەڤ / ئەو

da / da / da

ئەم

o ba ma

تو

babababa

ئەو

baba

کی؟

dadadada

چ؟

dadadada

چاوا؟

baba

کیدەرێ؟

babababa

کەنگی؟

babadada

ناڤ

dadaba

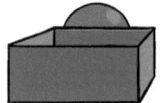

کوو

babababa

پشتی

baba

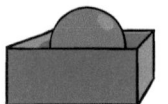

dadaba

پێشی

baba

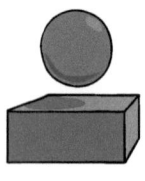

سەر

ba

سەر

baba

بن

dadababa

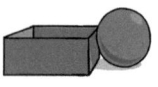

کێلەک

babababa

ناقبەر

ba

جە

dada